PARIS. — IMPRIMERIE DE FELIX LOCQUIN,
RUE NOTRE-DAME-DES-VICTOIRES, N° 16.

JUSTIFICATION

DE

L'ÉTAT DE SIÉGE.

PARIS.

CHEZ LES MARCHANDS DE NOUVEAUTÉS.

1832

JUSTIFICATION

DE

L'ÉTAT DE SIÉGE.

La Cour suprême vient de casser l'ordonnance de l'état de siége : c'est une décision qui exclut tout recours dans la hiérarchie des pouvoirs judiciaires ; il faut en appeler au tribunal de la raison publique, qui est supérieur à la Cour de cassation.

Aucun article de la Charte n'autorise la mise en état de siége, c'est incontestable ; une Charte ne doit pas prévoir les cas exceptionnels où elle doit un instant se retirer pour son propre salut. Si quand des législateurs élaborent une Charte, on proposait un article ainsi conçu :

« Lorsqu'une révolte armée, arborant le dra-
» peau rouge, chassera les citoyens de leur do-

» micilé, barricadera les rues, jéttera la terreur
» dans la cité, et fusillera les soldats et les gardes
» nationaux, le Gouvernement pourra, dans ce
» cas, mettre la ville en état de siége. »

Si on proposait, dis-je, un pareil article, les
législateurs le repousseraient comme inutile,
comme prévoyant l'impossible ; et si quelque
homme d'inspiration leur prouvait que cet impossible arrivera, l'article serait admis à l'una-
nimité.

Il est des cas où un Gouvernement peut s'au-
toriser à remplir cette lacune. Il n'est alors justiciable ni des tribunaux ni des avocats, mais
de l'opinion publique, qui juge toujours bien, qui
sait toujours ce qu'il faut. Or, nous n'hésitons
pas à le dire, la mise en état de siége, le lendemain des deux fatales journées, obtint à Paris
l'assentiment presque universel de la population.

Aujourd'hui que Paris est calme, que les pa-
vés des rues sont rentrés à leur place, que les
balafres de nos maisons sont recrépies, accuser
ceux qui, par des mesures peut-être illégales,
mais conservatrices, ont imposé le repos à cette
grande agitation, ce serait une souveraine in-
justice, une monstrueuse absurdité.

On raconte que dans un royaume d'Orient, la sultane favorite voyageait escortée des principaux seigneurs de la cour. Au passage d'un fleuve, le bateau qui la portait fut renversé par la violence du courant; la princesse était au moment de périr, quand un homme courageux se précipite dans le fleuve, la saisit par les cheveux, et la sauve. Le roi, instruit de cette généreuse action, fait venir le courtisan. Il lui rappelle qu'il est défendu, sous peine de vie, à un sujet de porter la main sur une personne sacrée; et pour récompense de son dévouement, il lui fait trancher la tête.

Cette sultane favorite, c'est la légalité !

JOURNÉES DES 5 ET 6 JUIN.

Un sentiment domine dans cette grande capitale : c'est le besoin de repos. Paris a donné assez d'or et de sang à la cause de la liberté pour qu'il lui soit permis de réparer ses pertes :

c'est la ville de l'industrie , et depuis deux ans
les émeutes ferment ses boutiques et ses comp-
toirs , brisent ses réverbères , troublent ses
nuits. Lorsqu'une émeute éclate , il faut voir
cette sombre impression d'inquiétude qui règne
dans les rues populeuses et marchandes : là ,
chacun tremble pour sa maison , pour ses
échéances , son crédit. L'émeute vient compro-
mettre tous les intérêts , et jeter une incerti-
tude accablante sur l'avenir d'un seul jour.

Il fallait donc en finir avec l'émeute ; c'était
le cri universel. Il paraît que les lois étaient in-
suffisantes , puisque l'émeute ne finissait pas ;
tout prétexte était bon pour en susciter une :
la moindre rixe entre un sergent de ville et un
chapeau rouge était une éteincelle de conflagration. N'était-on pas fier d'habiter Paris, et de se
proclamer le premier peuple civilisé du monde?
Le citoyen était emprisonné dans Paris par l'é-
meute ; il perdait le plus précieux de ses droits,
celui d'aller et venir à sa guise, comme il fait
à Constantinople, à Madrid, à Tombouctou.
L'émeute se jetait entre ses plaisirs , ses affaires,
ses repas : une matinée sereine finissait par des
charges de cavalerie ; la rue qu'on venait de

9

quitter calme, on la trouvait champ de bataille
en y rentrant; si on se renfermait chez soi par
prudence, on perdait sa liberté : la charte domestique était suspendue. Si on s'exposait en
curieux aux chances de la ville, on courait le
risque de recevoir un coup de sabre, destiné à
l'agitateur qui l'esquivait. Était-ce vivre cela ?
est-il un despotisme plus orageux qu'une liberté
pareille ? Ce n'était rien encore : quelque chose
de plus formidable se préparait ; l'émeute allait
nous mettre en état de siége.

Cette fois, c'est l'émeute en armes avec ses
décurions et ses centurions, ses chefs avoués,
ses arsenaux clandestins, son drapeau rouge,
ses plans stratégiques d'insurrection. Les révol-
tés s'installent dans les quartiers privilégiés du
désordre ; il leur faut des rues tortueuses, des
labyrinthes de carrefour, des issues d'attaque et
de sortie ; les amis du peuple bâtissent des ou-
vrages avancés avec les voitures qu'ils arrêtent
et renversent ; ils changent les maisons en cita-
delles, et emprisonnent les locataires aux cris
de vive la liberté ! Fouillez les annales de la terreur, vous n'y trouverez rien de pire. Quand
les sections se battaient, c'était en pleine rue ;

on avait encore alors du respect pour la liberté domestique et le domicile des citoyens. Voilà Paris assiégé dans Paris : la tactique est toute guerrière ; rien n'y décèle le bourgeois. On a pris un point central d'opération dans la plus longue rue, la seule qui traverse la capitale. On a deux ailes de maisons pour protéger le centre ; une haute tour qui sert d'observatoire et de tocsin : on crénèle des croisées ; on coupe des escaliers ; on creuse des batardeaux ; on élève des redans : c'est la guerre avec toute son intelligence de défense et de destruction. Oh ! si les juges de la Cour de cassation eussent habité la rue Aubry-le-Boucher, quand on faisait de ce quartier une vraie citadelle, ils seraient tous partis en masse pour le château, en suppliant le roi de vouloir bien opposer l'état de siége à l'état de siége, et de suspendre la Charte, afin de sauver et la Charte et les juges de la haute Cour. Qu'on réponde à cela.

Poursuivons :

La bataille commence ; elle dure deux jours et deux nuits : quarante-huit heures de deuil, de larmes et d'angoisses ; la circulation cesse dans les rues, et l'on sait combien est sinistre l'aspect de Paris, privé de son peuple ondoyant ; les boutiques sont fermées ; quelques *Omnibus* passent vides ; des civières sanglantes traversent les places ; aux croisées entr'ouvertes, on aperçoit des femmes en pleurs qui réclament un absent, qui ne voient personne arriver, qui interrogent le bruit du canon, les éclats de la fusillade, la fumée du combat ; sur les places d'armes, se groupent des gardes nationaux qui attendent d'être en nombre pour marcher au feu : pauvres industriels qui viennent de s'arracher à leurs familles pour défendre à la baïonnette le pain de leurs enfans et de leurs ouvriers ; hommes de calme domestique qui vont à quarante ans apprendre comment sifflent les balles, non pas à l'école glorieuse de la frontière, mais au sein de leur Paris que des Français ont pris d'assaut. Ce sont ensuite nos chers et beaux régimens, qui pleurent à l'idée de faire baptiser leur drapeau tricolore avec du sang français : eux qui voleraient sur le Rhin avec tant de joie, les voilà forcés par le devoir à faire des feux de pelotons dans la rue des Arcis ; ils vont, par une dérision du destin, attaquer un pont d'Arcole : mais cette fois c'est la Seine qui coule dessous,

On se bat comme à Sagonte, comme à Sarra-
gosse, de rue en rue, de porte en porte : les
sapeurs brisent, les grenadiers marchent après.
On fait des escaliers avec des cadavres : on se
fusille à bout portant dans les salons et les cham-
bres à coucher; l'exaltation est au comble, la
poudre enivre; on ne pense plus à la guerre
civile; on se bat tout de bon avec de vrais ennemis; on tire à droite, à gauche, partout où
paraît une tête, où s'ouvre une croisée. Les
balles tuent les malades sur leur lit, tuent les
jeunes filles qui soignent leurs mères mourantes.
Arrive le canon, acteur obligé de la péripétie :
il tonne sur les boulevards où l'on se promène,
sur les marchés où l'on vend ce qui fait vivre;
il balafre de mitraille toute une rue, casse les
vitres avec sa voix, coupe les murs avec ses
boulets, mâche les barricades, crève en deux
coups les portes et les toits : c'est fini ! les cita-
delles capitulent. Admirable ouvrage ! gloire à
ceux qui l'ont entrepris ! Peuple, viens voir les
certificats de dévouement que te laissent tes amis !
ils sont écrits partout avec de la poudre et du
sang. Ces portes brisées, ces fenêtres sans vitres,
ces maisons toutes rayées de lézardes, ces appar-

temens dévastés, ces scènes de pillage, de meur-
tre, de viol domestique : voilà les heureux vestiges
que laisse la République quand elle passe avec son
drapeau rouge et son bonnet.

Et devant ces épouvantables tableaux que
nous avons tous contemplés, le pouvoir devait
rester emprisonné dans le cercle ordinaire des
moyens de répression ! O absurdité ! Le pouvoir
tient dans ses mains une arme à tout réprimer
d'un coup, et il la laisserait dans le fourreau !
le pouvoir n'a qu'à dire : Je veux que le calme
naisse, pour le faire naître ; et il resterait muet !
Eh ! quels cris de malédiction ne se seraient pas
élevés contre lui, et dans la capitale, et dans
tous les départemens indignés ! quelle accablante
responsabilité ne pèserait pas sur sa tête, si les
deux journées eussent eu des conséquences plus
terribles encore, si Paris n'était pas ce qu'il est
aujourd'hui !

Il est temps de justifier cet état de siège :
pour cela, il suffit de poser les trois propositions
suivantes, qui résumeront tout ce qui nous reste
à dire.

PREMIÈRE PROPOSITION.

L'état de siége a été réellement établi par les insurgés ; il était du devoir du Gouvernement d'user de représailles.

Paris a été mis en état de siége par les insurgés; il suffit d'énoncer le fait; la preuve marche avec lui ; mais il faut toujours raisonner dans ces sortes de thèses pour les gens de mauvaise foi et de mauvaise volonté d'entendement.

Des hommes aigris par une misère paresseuse, par des discours de conciliabules, par le calme des honnêtes gens , s'organisent en centuries , se font un drapeau ; amassent des armes et des munitions, et attendent un jour d'occasion pour l'exploiter au profit de leur métier. Ce jour doit immanquablement arriver, et il arrive. A ces hommes aventureux se joignent quelques jeunes gens au cœur probe, qui se sont faits républicains en lisant des livres, et soldats en entendant des coups de fusil : âmes ardentes, nées pour les temps de guerre, et mal à l'aise dans une époque de paix : ils s'applaudissent de trouver un champ de bataille tout ouvert, une petite

armée tout organisée; ils ne commencent pas
l'insurrection, mais ils s'y jettent avec ferveur,
sans regarder ni derrière ni devant, tout ravis
qu'ils sont de nager en plein péril, d'avoir des
cartouches à brûler, de respirer la poudre, de
vivre un jour de guerre, de s'épanouir dans le
sifflement des balles et des biscaïens.

Et cette armée, bariolée de blouses, de vestes,
de fracs, de vieux uniformes, de tabliers de
péau, assiége la ville dans la ville; elle fait même
quelque chose de plus désastreux que l'ennemi
qui assiége du dehors, et qui campe à trois cents
toises du glacis; car, dans ce dernier cas, une
population sait où est le danger, et quand les fossés sont remplis et larges, les ponts-levis dressés,
les murailles garnies, une sorte de sécurité règne
chez les citoyens assiégés : ils peuvent circuler
dans la ville, entretenir leurs relations, se livrer
au plaisir des promenades jusqu'au jour de la
brèche et de l'assaut. Lorsque Victor Bellune as-
siégeait Cadix, les dames espagnoles montaient le
soir sur les remparts pour prendre l'air, et voir
les Français au bivouac. Mais quand les assiégeans sont dans la ville, toute sécurité s'enfuit;
c'est l'instant du siége dans toute son horreur

plénière. Les citoyens n'ont devant leurs maisons ni fossés ni ponts-levis ; leurs vies et leurs foyers sont à la disposition de la première bande qui passe. Il faut renfermer chez soi et dans un asile bien retiré ses femmes, ses enfans, ses domestiques ; car à tout moment les balles peuvent faire brèche dans vos volets, crevasser vos plafonds, ricocher dans vos appartemens. La peine de mort sans sursis court les rues avec les balles ; les assiégeans n'instituent point de conseil de guerre (ce n'est pas dans les formes de leur état de siége) ; ils fusillent au hasard les imprudens, les curieux, les fils qui cherchent un père dans la mêlée, les femmes qui vont aux angles des rues s'enquérir de leurs maris absens. Il n'y a dans cette juridiction ni Cour d'appel ni Cour de cassation à invoquer : on est tué sur place pour crimes de promenade, de tendresse filiale ou de simple curiosité. Alors tous les regards se tournent vers le pouvoir ; de tous côtés on lui crie : «Rendez-nous le calme à tout prix ; s'il n'y a pas de lois, faites-en : nous aimons mieux un arbitraire sage qui nous sauve, qu'une loi qui nous tue.» Et le Gouvernement doit obéir à ce cri général.

L'avez-vous entendu ce cri, nous dira-t-on?
Non, nous ne l'avons pas entendu comme on
entend un chœur final d'opéra ; il n'a pas
été formulé en termes identiques ; mais c'est
l'expression universelle qui s'échappait avec
tant d'éloquence de cette grande ville muette et
désolée, de ces rues sans peuple, de ces maisons
barricadées de la porte aux toits comme après
une mort, de ce calme épouvantable dans la cité
du bruit. Voilà ce que nous avons tous entendu ;
voilà ce qui parle mieux à l'esprit que toutes les
plaintes des citoyens, tous les appels de détresse
à un pouvoir sauveur ! Peut-on nier qu'un vœu
unanime ne s'exhalait du sein de toutes les familles, qu'on ne soupirait qu'après ce calme, que
toutes ces maisons fermées n'attendaient la main
secourable qui les pouvait ouvrir ? Ah ! ce n'était
point ainsi dans nos trois grands jours de juillet :
la population ne gardait pas alors une neutralité
apparente ; elle était toute de cœur et d'âme aux
combattans ; elle leur jetait des cartouches par les
croisées ; elle ouvrait les portes pour les abriter ;
elle battait des mains à tous les balcons. Aujour-
d'hui elle se renferme et proteste ; elle renie les
parodistes de la grande semaine ; elle leur refuse

2

l'eau et le feu. Le silence des citoyens est un cri
de réprobation : *tacent clamant,* comme disait
l'orateur romain en parlant des hommes purs qui
condamnaient par le silence les faux républicains
de son temps (1).

C'est ce cri du silence qui a été entendu par
le pouvoir.

Qu'aurait dû faire ce pouvoir, si les Russes
avaient campé sur les buttes de Montmartre et de
Saint-Chaumont? Voyons, répondez, hommes
de sophisme et de légalité bâtarde. Croyez-vous
qu'il eût fait sagement de pousser le respect pour
la Charte jusqu'à l'oubli des formes conservatrices de la vie des citoyens et de la cité? Croyez-
vous que les moyens ordinaires de répression
auraient suffi pour contenir une population ora-
geuse, pour réprimer l'ennemi du dedans, et
combattre l'étranger du dehors ? Croyez-vous
que des exploits d'huissiers, des mandats d'ame-
ner, des citations à comparaître aux assises du
prochain trimestre, eussent été assez efficaces
pour neutraliser les connivences intestines de la
trahison, et donner à une seule main cette cen-

---

(1) Cicéron, *Catilinaire* 1re.

tralisation de forces si nécessaire dans les grandes crises? Vous convenez vous-même qu'en pareil cas la mise en état de siége est un devoir de position : eh bien! nous venons de vous prouver que le péril est bien plus fort, que l'état de siége est bien plus flagrant dans le cas des 5 et 6 juin que dans un siége établi par un ennemi étranger hors des remparts. C'est ce que le pouvoir a compris ; c'est ce qui lui assure la gratitude des bons citoyens. A l'état de siége dont l'ennemi avait pris l'initiative, il a répondu par l'état de siége : si la révolte n'a pas proclamé et affiché le sien, c'est que le temps et les moyens lui ont manqué. Donc le Gouvernement, par cette mesure extraordinaire, n'a fait qu'user de représailles : si la ville a été mise en état de siége, qu'on accuse les premiers assiégeans, ceux qui les premiers ont investi nos maisons et élevé des redoutes. Qu'on en demande compte au drapeau rouge ! C'était bien le moins d'égaliser les chances : quelle pitié si l'on eût été assez absurde pour répondre avec des recors et du papier timbré à des gens qui attaquaient à coups de fusil !

DEUXIÈME PROPOSITION.

Tout bourgeois, armé d'un fusil, faisant partie d'un rassemblement armé, et combattant contre des gardes nationaux et des soldats, doit être considéré comme militaire, et devenir justiciable des conseils de guerre.

Voici le point fondamental de la discussion. Peu de mots suffiront pour renverser cet échafaudage sophistique qu'élèvent les juges de la Cour suprême ; tous beaucoup plus habiles pour traiter des choses civiles que des choses militaires, auxquelles ils sont excusables d'être tout-à-fait étrangers par état.

Les citoyens ne sont pas justiciables des tribunaux militaires, disent les juges de la cassation ; et en partant de ce principe vrai, ils ont raison : ils cassent, et ils ont tort.

C'est une chose assez commune dans la discussion scolastique de poser une majeure vraie, et d'en déduire du faux à brûler les yeux. Les Jésuites excellaient en ce genre ; ils avaient formulé le sophisme en trois propositions : la vérité se plaçait au commencement, et le mensonge au bout. Heureusement il n'y a point de Jésuites à la Cour de cassation ; mais leur école d'argumentation s'est infiltrée sur les bancs suprêmes. Il faut l'en chasser à coups d'argumens : le sophisme n'est pas inamovible.

Un citoyen portant frac et chapeau bourgeois qui commet un crime n'est pas justiciable des conseils de guerre : c'est une chose incontestable, et personne n'a jamais cherché à le contester. Ce n'était pas la peine de passer trois heures en délibération pour jeter cet axiome comme une trouvaille dans la salle des Pas-Perdus.

Trois, quatre, dix citoyens même qui se servent d'un fusil, arme militaire, pour commettre un crime, sont justiciables des assises et de leurs juges naturels : nul ne songe à les renvoyer devant les conseils de guerre, rue de Cherche-Midi.

Mais lorsque des citoyens s'enrégimentent, suivent un drapeau, se divisent, se subdivisent en centuries et décuries, prennent un signe de ralliement, se retranchent dans un quartier comme dans un fort, élèvent des bastions, posent des sentinelles, et livrent bataille à des trou-

pes régulières, il nous semble que ces citoyens abdiquent soudainement leurs droits et priviléges de bourgeoisie, qu'ils se font militaires, qu'ils effacent eux-mêmes la limite tracée par les lois pénales, qu'ils acceptent toutes les conséquences de la guerre, et se soumettent à cette juridiction spéciale qui juge les soldats. Il ne faut pas feuilleter le Code pour admettre la clarté si vraie de cette proposition ; il faut ouvrir les yeux, et avoir son contingent ordinaire de raison et de sens commun.

Les jurés, dans la donnée habituelle du tirage au sort qui les installe, sont des citoyens tout-à-fait en dehors des habitudes militaires : ce sont des industriels, des avocats, des médecins, des boutiquiers. Ils sont experts à prononcer sur les crimes ordinaires de l'histoire sociale ; mais ne les appelez point à connaître de ces délits commis sur un champ de bataille : il n'y a que la guerre qui sache juger la guerre ; et d'ailleurs, quelles garanties puissantes ne trouve pas l'accusé désarmé en comparaissant devant un tribunal de militaires français ! C'est bien là que viennent s'éteindre toutes les haines, toutes les préventions de partis ; c'est le vainqueur qui juge le vaincu, et qui trouve même dans la dé—

faite de son ennemi une raison d'humanité pour lui faire la peine légère ou le couvrir de son généreux pardon. Pour qu'une sentence de mort sorte de ces mâles poitrines, il faut que la culpabilité éclate en lettres de sang sur tous les murs : le militaire sait ôter la vie avec l'épée dans le combat ; mais il lui répugne de tuer avec une sentence de tribunal ; il le fait quand il le faut mille fois ; et la séance levée, il se cache et pleure.

Ainsi, les conseils de guerre sont seuls compétens pour juger les coupables que la guerre met aux mains de la loi. Si l'on nie qu'il y ait eu guerre aux 5 et 6 juin, la Cour de cassation est dans son droit ; mais, certes, il est facile de prouver à tous les sourds de Paris, excepté aux sourds volontaires, qu'il y a eu pendant quarante-huit heures des coups de fusil et des coups de canon. Si ce n'est pas là de la guerre, quel nom donnerez-vous à la paix ?

Il est des gens qui croient peut-être que le caractère de citoyen est indélébile, et que pour le perdre il faut nécessairement avoir des buf-fleteries en sautoir, un frac bleu, un pantalon rouge et un schako numéroté ; que ce n'est qu'à l'aide de ce costume qu'on échange le

nom glorieux de citoyen contre le titre éga-
ment glorieux en France de soldat. Oh ! non :
il faudrait bien déplorer l'aberration des législateurs qui auraient placé l'esprit d'une loi dans
les paremens d'un habit. Les guérillas des mon-
tagnes ont le costume des paysans, et ce sont
des conseils de guerre qui les jugent ; et on n'a
jamais songé à les renvoyer devant des juges ci-
vils. Il y a des guérillas de rues comme des guérillas de champs ; ils sont d'autant plus à re-
douter, que rien dans leur costume n'annonce
l'agression ; et c'est précisément ce qui rend les
lois des camps si sévères envers ces sortes d'ennemis. Le soldat marche à découvert et de franc
jeu, avec son titre de soldat écrit de la tête
aux pieds ; il sert de point de mire à qui veut
le tirer. Le guérillas de rue, lui, avec son habit
bourgeois, se fait la position que la circonstance
exige : il peut passer, au besoin, comme ami ;
il ménage ses coups, choisit ses occasions, dé-
charge son arme, et fuit pour la recharger :
il se donne tous les avantages de la guerre ; il
voit ses ennemis dans toute leur largeur, et lui
n'est pas vu, ou bien son apparition n'a, quand
il le veut, aucune apparence d'hostilité. Et
quand la bataille est perdue pour lui et les siens,

on le renverrait prisonnier à des juges bourgeois avec son titre ineffaçable de citoyen! Quelle absurdité! Non, rien ne peut le ravir aux tribunaux militaires qui l'ont conquis sur le champ du combat, à ceux qui peuvent dire avec toute raison : « Cet accusé est à nous ; il est venu » nous fusiller dans les rues; c'est à nous, à » nous seuls, qu'échoit le droit d'apprécier » son crime. En se battant contre nous, il s'est » fait soldat ; s'il fût resté citoyen, nous ne » l'aurions pas pris les armes à la main sur une » barricade ou en ligne de bataille : c'est un » fantassin sans uniforme qui s'est battu contre » ses frères; son crime et sa personne nous ap-» partiennent : la Cour de cassation n'a rien à » faire ici ; c'est un procès entre soldats. »

TROISIÈME PROPOSITION.

Le Gouvernement, en déclarant la ville en état de siége même après la victoire, a fait un acte de haute et prudente politique, coupant court à la révolte, et fondant la tranquillité du moment et celle de l'avenir.

Il est des bizarreries d'opposition qu'on ne peut expliquer qu'en fouillant l'abîme de la mauvaise foi.

On a dit au Gouvernement : Vous auriez été excusable de constituer l'état de siége aux premiers coups de fusil de l'insurrection ; votre crime, c'est d'avoir fait un coup-d'état après la victoire, lorsque le calme était rétabli.

Oh ! quand l'histoire est faite, il est bien aisé de préciser au juste la durée d'un incident. Nous savons tous aujourd'hui que l'insurrection républicaine de juin 1832 n'a eu que deux jours pleins d'existence ; mais nous n'étions pas aussi savans le 6 juin au soir. Toutes les émeutes de Paris ont eu une période de trois à six jours ; celle-ci, qui s'est annoncée avec un caractère de puissance bien autrement redoutable, devait avoir nécessairement une période de durée proportionnée à la vigueur de son début. Toutes les émeutes que nous avons vues en vingt-deux mois semblaient s'assoupir vers minuit, et recommençaient avec le soleil : la grande émeute de juin aurait eu les mêmes phases que ses aînées ; endormie le 6 au soir, elle pouvait se réveiller le 7, et se prolonger encore ; le seul amoncellement des curieux sur le théâtre des désordres aurait été une mine de conflagration ; eh bien ! cette émeute, si formidable à son début, a été précisément la seule qui ait été étouffée radicalement d'un seul coup. C'est la mise en état de siége qui a produit cet heureux phénomène. Grâces à cette mesure, pour la première fois depuis juillet, nous avons eu une commotion sans retentissement, une tempête sans houle. Les Parisiens l'ont si bien compris avec leur bon sens d'habitude, qu'à l'apparition de l'ordonnance ils ont ouvert leurs boutiques sur tous les points, même dans les rues de la bataille : ils se sentaient sauve-gardés sous le coup d'état tutélaire. L'état de siége imposé par les factieux avait fermé les portes et emprisonné les citoyens; l'état de siége du *Moniteur* ouvrait les portes, et délivrait les citoyens : en vérité, n'y a-t-il pas raison de gémir sur un malheur de ce genre? Dites : Ne sont-ils pas bien coupables des ministres qui ont amené un si consolant résultat?

Mais il y a plus : on peut prouver par des antécédens nombreux que la mise en état de siége avec son effet répressif instantané a sauvé la vie à bien des citoyens.

Or, supposons l'histoire non arrivée d'après les données de l'histoire connue; admettons l'émeute terminée le 6 au soir sans réveil du lendemain; l'état de siége n'est pas déclaré; on agit strictement dans le sens de la loi pour cette émeute comme pour les autres; c'est la juridic-

tion ordinaire qui va s'ouvrir, et prononcer sur
le sort de deux mille prisonniers : eh bien! dans
cet état d'irritation qui survit à une bataille , quel
est l'homme qui aurait osé dire que le plus grand
calme allait régner pendant l'instruction et la
procédure autour du palais de justice et des pri-
sons? Nous tous qui savons combien le calme est
orageux après les tempêtes populaires, nous nous
figurons aisément et [ces groupes tumultueux et
ces provocations menaçantes , et cet amoncellement de curieux , d'oisifs et d'agitateurs qui se
seraient constitués les témoins inamovibles et
bruyans de la procédure. Une émeute éternelle
aurait mis le palais en état de siége ; il y aurait eu
même d'audacieuses tentatives pour délivrer les
prisonniers, des engagemens partiels sur les points
isolés où sont les maisons de réclusion ; il aurait
fallu à chaque instant faire à son de trompe des
sommations nouvelles pour dissiper la foule, des
charges de cavalerie pour soutenir les sommations ; le rappel au tambour eût été permanent
dans nos rues ; la brave et héroïque garde natio-
nale, déjà harassée par ses sanglantes corvées de
deux jours , fût tombée d'épuisement ; des rixes
terribles auraient éclaté ; et qui sait combien de
ceux qui crient aujourd'hui contre l'état de siége

seraient morts et inhumés à l'heure où nous écrivons? C'est l'état de siége qui les a sauvés de leur imprudence : sans le savoir, ils allaient se suicider; le ministre prévoyant a retenu leurs bras. Soyons de bonne foi, ces choses se seraient-elles passées ainsi ou autrement? Avec notre expérience émeutière de deux ans, est-il permis de supposer un instant qu'après la victoire du 6 juin tout serait rentré dans l'ordre le plus naturellement du monde ; que la secousse se serait amortie subitement avec le dernier coup de canon; qu'il n'y aurait eu dans les rues ni agitation, ni curiosité inquiétante , ni groupes offensifs ; que la justice aurait exercé ses fonctions dans le calme du désert ; que tant de sagesse froide aurait succédé à tant de folie et d'agitation ; Impossible à admettre ! Ensuite voulez-vous d'autres matières combustibles à ajouter à ce foyer d'émeutes? Figurez-vous tous les combats partiels qu'il aurait fallu soutenir pour obtenir le désarmement, pour fouiller dans les arsenaux clandestins de la révolte, pour opérer les arrestations des coupables ; d'une part, le dévouement courageux des agens de l'autorité ; de l'autre , la résistance criminellement héroïque des factieux. Chaque rue de Paris aurait eu sa bataille particulière pour tirer un

fusil d'une cave ou pour conduire un prisonnier.
L'état de siége a tout prévenu, tout pacifié,
comme par enchantement. Enfin cette mesure
de haute et sage politique a tellement fondé la
sécurité publique, qu'aujourd'hui même, tout
inutile que la Cour de cassation l'ait faite, elle
protége encore les citoyens et la cité ; car elle a
révélé aux factions toute l'énergie d'un pouvoir
jugé si faible ; elle a montré que, dans les mo-
mens décisifs, deux mains puissantes peuvent sor-
tir des Tuileries, l'une pour écraser la révolte,
l'autre pour tranquilliser d'un signe les honnêtes
gens. Après bien des défiances et des soupçons,
tous les hommes de cœur et de patriotisme qui
manquaient de foi envers le pouvoir, tous les citoyens qui ont une position, un lien social, et qui
tiennent au sol, se sont ralliés au canon du 6 juin,
tout en pleurant sur le sang versé ; car le moment
est venu où l'avenir se dessine tout clair ; il faut
prêter aide à un Gouvernement de force et de
probité. Il ne s'agit plus d'un intérêt de dynastie
et d'opinion ; c'est la société qui est en cause ; il
faut que tous les vrais patriotes se lient en fais-
ceau autour du pouvoir : hors de lui, c'est le
chaos, c'est la dissolution.

Qu'ils viennent donc les opposans ! qu'ils

viennent mettre les ministres sur le banc de Polignac! cette fois Paris sera du côté du Luxembourg; nous dirons aux accusateurs : « La ville
» était calme et joyeuse, des factieux l'ont couverte de deuil; ils ont envahi nos foyers, épouvanté nos familles, gêné notre liberté, tué
» nos femmes et nos filles ; nous avons fermé
» les portes de nos maisons en signe de détresse,
» nous avons protesté par le silence et l'abandon
» contre une révolte désastreuse : un avenir
» sans fin de calamités était devant nous, l'ordonnance nous a sauvés entre deux soleils,
» et notre ville a repris sa physionomie sereine.
» Nous, Parisiens, qui savons si bien faire éclater
» notre désapprobation quand l'arbitraire nous
» menace, nous n'avons trouvé que des cris de
» reconnaissance pour le chef de l'Etat lorsqu'il
» est venu nous visiter pendant la bataille, ou
» nous demander notre opinion sur l'état de
» siége à la revue des boulevards. Pas un cri
» discordant n'a troublé l'allégresse commune :
» c'est que nous avons foi au pouvoir d'aujour-
» d'hui, même dans ses coups-d'état. Au 26 juillet
» 1830, nous avons pris nos fusils pour brûler
» une ordonnance; au 10 juin 1832, après une
» autre ordonnance, nous avons pris les armes

» pour les présenter au Roi. C'est nous, nous
» seuls, qui sommes juges compétens de la grande
» mesure. Quand une émeute éclate, c'est notre
» vie qui est en danger ; nous n'avons point de
» châteaux et d'hôtels fermés comme les juges
» de la haute Cour ; nos boutiques s'ouvrent sur
» le champ de bataille, les balles trouent le ber-
» ceau de nos enfans, et c'est nous qui descen-
» dons dans la rue pour défendre notre pain et
» le leur. Grâces éternelles au pouvoir qui est
» venu à notre aide! béni soit le coup-d'état
» qui nous a fait l'orage si court et nous a sauvés,
» qui nous a constitué un avenir, qui protége
» notre industrie, qui donne valeur et crédit à
» nos lettres de change ! Nous serons tous, les
» avocats des ministres au jour de l'accusation ;
» ils peuvent s'y présenter sans crainte, eux
» aussi, avec un *compte rendu* à la main : ils ont
» sauvé Paris ; ils ont enfin bâillonné l'hydre des
» rues ; ils ont détrôné l'émeute, cette reine des
» épouvantemens. »

www.ingramcontent.com/pod-product-compliance
Lightning Source LLC
Chambersburg PA
CBHW032256210326
41520CB00048B/4308